Círculo Rojo

Mindfulness

El regalo de existir

Mindfulness
El regalo de existir

Mónica Rivas Lis

Círculo Rojo
EDITORIAL

Primera edición: enero 2024

Depósito legal: AL 3712-2023

ISBN: 978-84-1061-062-0

Impresión y producción: Editorial Círculo Rojo

© Del texto: Mónica Rivas Lis
© Maquetación y diseño: Equipo de Editorial Círculo Rojo

Editorial Círculo Rojo

www.editorialcirculorojo.com

info@editorialcirculorojo.com

Impreso en España - Printed in Spain

PRESENTACIÓN

Querido compañero, querida compañera:

Antes de nada, permíteme que me presente. El dibujo pintado por este monigote soy yo, y a lo largo de las líneas que siguen compartiré contigo el gran descubrimiento que está suponiendo incorporar el *mindfulness* en mi vida.

Cuando hablo de descubrimiento me refiero a todo lo que yo he ido experimentando después de saber que el *mindfulness* consiste en *prestar atención de forma particular, con intención, al momento presente y sin juzgar*[1]. En mi caso, fue tras casi un año de haber conocido este concepto —hace ya una década— y de empezar a aprender la práctica del *mindfulness* cuando descubrí que es mucho más de lo que a priori pudiera parecer tras esta definición.

Es innegable que la conciencia plena es una herramienta muy eficaz para gestionar el estrés, con beneficiosos efectos sobre la capacidad de concentración, la ansiedad, la depresión, el sistema inmunitario y muchas otras cosas. Pero yo voy a intentar contarte que es mucho más que una herramienta, que es una manera de estar en el mundo.

Es probable que tú ya te hayas iniciado en esta práctica y que también conozcas sus múltiples beneficios. Que hayas aprendido a observar tus pensamientos, tus emociones y lo que tu cuerpo te dice y que incluso medites de vez en cuando. Es por eso que no incluyo en estas páginas explicaciones sobre la práctica formal o informal del *mindfulness* ni pautas concretas para llevarlo a cabo.

Lo que aquí cuento es el proceso de cambio interior que yo estoy experimentando desde que conocí el gran potencial de la atención plena y cómo ese cambio está afectando a la visión que ahora tengo de mi vida, a la manera en la que afronto mi propia existencia.

He decidido contarte mis reflexiones porque no descarto que tú, al igual que yo hasta hace unos cuantos años, no hayas tomado todavía verdadera conciencia del mayor de los efectos del *mindfulness*. Es posible que aún no hayas descubierto su consecuencia más transformadora y valiosa: la de llegar a comprender que existir es un regalo.

---

[1] Jon Kabat-Zinn

Trataré aquí de compartir contigo algunas pinceladas del intenso camino que he recorrido hasta llegar a esta reveladora conclusión. Te hablaré de lo importante que ha sido para mí aprender a tomar distancia, a perseverar para adquirir un hábito, a ser mi mejor amiga, a sentirme parte de un todo, a dar gracias, a entusiasmarme, a ser creativa, a reírme de mí misma, a crear mis propios símbolos, a intentar ser un poco más sabia, a encontrar mi lugar en el mundo… a sorprenderme de mi existencia.

Además, terminaré cada uno de estos capítulos con una pequeña propuesta para acompañarte, si así lo deseas y lo necesitas, a que vayas descubriendo tu propio regalo.

No pretendo darte recetas mágicas, porque no creo que las haya. Solo quiero proponerte lo mismo que a mí, muy poco a poco, me está ayudando a encontrar mi autenticidad y mi conexión con los demás, lo que me está llevando a vivir mi existencia con más plenitud.

Soy consciente de lo ambicioso que es mi objetivo y por eso no me gustaría crearte falsas expectativas. Quisiera advertirte que no cuento nada más que mis propias historias, retazos de lo aprendido desde que el *mindfulness* apareció en mi vida. Decirte que aún estás a tiempo de descolgarte y leer un texto serio, avalado por estudios científicos y escrito por alguien de reconocido prestigio.

Y por último, si no te has ido todavía, transmitirte mi profundo agradecimiento por el tiempo y la atención que estás a punto de dedicar a leerme.

Te deseo un buen y consciente camino.

Mónica

NO PUEDO VER SIN DISTANCIA

"Sin distancia, uno queda atrapado en el contexto" Francesc Torralba

"Para que la puerta de la felicidad se abra hacia dentro, hay que retirarse un poco. Si uno la empuja, la cierra cada vez más" Kierkegaard

MI EXPERIENCIA

La principal lección que he aprendido a través del *mindfulness* es que me es imposible ver las cosas con lucidez y claridad si no tomo cierta distancia, si no las veo con un poco de perspectiva. Al situarme como una observadora ajena de mí misma consigo ver una realidad mucho más amplia y diáfana que la que nunca había experimentado. Esto no significa en absoluto que haya pasado a verlo todo claro, o que no tenga dudas o que no me sienta confundida muchas veces. Pero la gran diferencia es que ya no son mis pensamientos y mis emociones los que me dirigen a mí, sino que soy yo la que tiene poder sobre ellos. No es que impida que aparezcan (lo que por otra parte me resultaría imposible) sino que, al observarlos, estoy dando el primer e imprescindible paso para gestionarlos. Trato de tomar distancia de la situación para no diluirme en ella.

De esta manera me he dado cuenta, por ejemplo, de que puedo contener mi respiración durante más tiempo del que puedo frenar mis pensamientos. O que gran parte, si no la mayoría, de esos pensamientos son puro ruido. O que las emociones contractivas también merecen ser observadas e incluso disfrutadas. Puedo observar mi tristeza y dejarme arrastrar por ella o, mientras la observo, comprender que yo no soy esa tristeza. Puedo dar un puñetazo en la mesa y arrepentirme un rato después de haberlo dado o sentir, tras pasar la tormenta, que lo volvería a dar. Esa es la gran diferencia entre que la tristeza o la ira me gestionen a mí o que yo las gestione a ellas. He comprobado en mi propia piel que la simple observación es ya eficaz para el cambio.

Al tomar distancia, he sido consciente de la presbicia en la que estaba instalada ante mi propia vida.

MI PROPUESTA

Pon atención a tus pensamientos, emociones y sensaciones corporales a lo largo del día. Intenta observarte dando un paso atrás, con objetividad pero sin juzgar ni etiquetar lo que observas. Si el dolor aparece, no trates de esconderlo ni reducirlo; simplemente obsérvalo para así poder curarlo después. Mientras observas, no trates de analizar nada, tan solo vívelo tal cual es.

GRACIAS,
GRACIAS,
GRACIAS

"Gracias a la vida, que me ha dado tanto. Me ha dado la risa y me ha dado el llanto"

Violeta Parra

MI EXPERIENCIA

Una de las cosas que más me ha sorprendido durante mi aprendizaje *mindfulness* ha sido el gran poder transformador que ha tenido en mi visión de la vida el simple hecho de dar gracias. Tras meditar y escribir la reflexión que me tocaba hacer cada noche durante cuarenta días, agradecía a algo o a alguien concreto lo que mi corazón sentía en ese momento, terminando siempre con un "gracias a la vida".

Tras esa transformadora cuarentena acabé interiorizando el hecho de apreciar todo lo que la vida me ha dado, incluidas las crisis y sus aprendizajes.

He comprendido el error que supone dar por sentado que todo lo bueno que me rodea seguirá estando siempre ahí; he sido consciente de lo afortunada que soy y de lo absurdas que pueden llegar a ser algunas de mis quejas.

He comprobado asombrada cómo al centrar mi atención puedo conseguir cambiar mi configuración por defecto, la que genéticamente me ha preparado para detectar las amenazas y que, demasiado a menudo, me ha hecho olvidar todo lo bueno que hay en mi vida.

MI PROPUESTA

Al final del día da gracias a lo que tu corazón sienta que debe agradecer. Al menos al principio puede ayudarte escribirlo, incluyendo entre tus agradecimientos un "gracias a la vida". Prueba a hacerlo durante un tiempo, hasta que notes que el sentimiento de gratitud se ha instalado en ti. No descartes que un día también agradezcas aquello que hoy te parece un problema. Da gracias también en tu día a día a la gente que te rodea, a tu propia persona, a los desconocidos que te ofrecen sus servicios. Hazlo de corazón y, si puede ser, regalando tu sonrisa.

MIS SÍMBOLOS

"El símbolo evoca, el lenguaje solo explica"
Bachofen

MI EXPERIENCIA

A lo largo de los años de mi práctica *mindfulness* me ha sido de gran utilidad utilizar mis propios símbolos como anclaje de lo que quería tener presente en cada momento.

Durante este tiempo de aprendizaje he recurrido a ciertos objetos como realidades simbólicas cargadas de sentido para mí.

Así por ejemplo, la imagen que se grabó en mi retina de una hormiga sobre una cereza madura durante un retiro de silencio y que luego plasmé con colores al llegar a mi casa, me ha recordado durante todo este tiempo que, al igual que esa fruta y ese pequeño animal, yo también formo parte de la naturaleza y que un día me desintegraré en la tierra como ellos.

El busto de una mujer en piedra que me miraba desde una terraza próxima a mi lugar de trabajo me recordaba que no debo bajar la guardia en la observación continua de mí misma, de mis pensamientos y de mis emociones.

Mi propia fotografía a los cuatro años me muestra, siempre que lo necesito, a la niña que llevo dentro y que no quiero descuidar nunca.

Finalmente, están los maestros que me enseñan sin palabras. El mar, con sus olas agitándose en la superficie y su calma profunda en el fondo. El sol, con su luz y su calor, siempre ahí aunque yo no lo vea tras las nubes; siempre quieto aunque yo diga que sale y se pone.

MI PROPUESTA

Trata de encontrar tus propios símbolos, algo que tenga sentido para ti, aunque no lo tenga para nadie más. Algún objeto, situación, elemento o persona que te recuerde tu compromiso de estar presente y de vivir con conciencia plena.

NECESITO CREAR

"Todas las personas tienen la disposición de trabajar creativamente. Lo que sucede es que la mayoría jamás lo nota" Truman Capote

"La creatividad requiere tener el valor de desprenderse de las certezas" Erich Fromm

MI EXPERIENCIA

Casi desde el principio de mi práctica del *mindfulness* noté una necesidad espontánea de crear. Esta necesidad ha ido intentando plasmarse de alguna u otra forma a lo largo de estos años, como una vía de salida a todo lo que iba sintiendo por dentro.

Ha sido al observar esta necesidad cuando he podido sentir el placer de pintar, de modelar, de crear objetos como cuando era una niña.

También he descubierto la magia que supone contar mi experiencia y ordenar mis sentimientos a través de la escritura.

Y, sobre todo, me he sorprendido y felicitado al descubrir que, por primera vez desde hacía mucho tiempo, me importa más plasmar lo que llevo dentro de mí y disfrutar intensamente al hacerlo que la opinión que mi obra pudiese generar en los demás.

Gracias al *mindfulness* he descubierto que yo también necesito crear y que fluyo cuando lo hago.

MI PROPUESTA

Trata de encontrar alguna forma creativa de plasmar tus descubri-mientos o experiencias. Intenta aplicar la atención plena mientras desarrollas tu obra, centrándote más en el proceso que en el re-sultado, intentando no preocuparte por la opinión que los demás vayan a tener de ella. Fluye con tu creación.

ME RÍO DE MÍ MISMA

"El humor tiene la capacidad de devolverte la certeza de que la vida vale la pena. Y uno se salva, a veces, por el chiste, por el mágico sonido de la risa, que puede no ser tu risa; por la escondida capacidad de tomarte el pelo, de verte desde fuera y reírte de vos mismo"
Eduardo Galeano

"La risa es la distancia más corta entre dos personas" Víctor Borge

MI EXPERIENCIA

Yo no puedo decir que haya descubierto el sentido del humor a través del *mindfulness*, porque recuerdo haber recurrido a él desde muy pequeña. Esta herramienta para tomar distancia me ha acompañado y me ha sido muy útil a lo largo de toda mi vida. El sentido del humor me ha servido para relativizar las cosas, desdramatizar ciertas situaciones, acercarme a la gente o incluso mitigar el miedo. Sin embargo, sí debo reconocer que al poner atención en el momento presente he aprendido a gestionar mejor mi sentido del humor, a diferenciar el "reírme con" del "reírme de", a sintonizar mi ironía con mi corazón. Lo que ahora más me importa es conseguir que mi risa aporte alegría y ligereza, evitando cualquier signo de desprecio. La conciencia plena me ha llevado también a veces a frenar un chiste o una broma que pasa por mi mente si detecto que su único objetivo es el de convertirme en la protagonista de la conversación. Ese personaje ya no me interesa. También, a través de la escucha consciente he aprendido a disfrutar más intensamente del humor ajeno, a no entrar en una competición de ingenios, sino simplemente escuchar al otro y vivir con intensidad el mágico momento de la risa compartida.

He comprobado, en fin, que al aplicar el *mindfulness* al sentido del humor se crea una combinación perfecta, eficiente y directa para relativizar y tomar distancia, para vaciarme de mí misma y acercarme a los demás, para no tomarme nada demasiado en serio. Sobre todo, para no tomarme demasiado en serio a mí misma. Para aceptarme y aceptar… para darme un baño de aquí y ahora.

MI PROPUESTA

Observa en tu día a día tu sentido del humor y tu alegría interna. Date cuenta del efecto que la risa o la sonrisa tienen en ti y en los demás. Detecta si tus bromas o tu ironía aportan alegría o desprecio.

ME ENTUSIASMO

"Los años arrugan la piel, pero renunciar al entusiasmo arruga el alma" Schweitzer

"La capacidad de entusiasmo es signo de salud espiritual" Gregorio Marañón

MI EXPERIENCIA

La palabra entusiasmo proviene del griego y significa tener un dios dentro de sí. Al observar cada momento con una mente atenta y curiosa he descubierto que esta definición es cierta y que ese dios que está dentro de mí es el que me hace regocijarme con lo cotidiano y escapar del diablo de la rutina.

Para mí, actuar con entusiasmo no significa estar continuamente eufórica, sino tener presente en todo momento mi confianza en la vida.

Al cultivar la atención plena he aprendido a vivir con más intensidad cada sensación, cada contacto, cada experiencia, cada relación... Al sentirme entusiasmada he vuelto a creer en mi capacidad de transformar las cosas, a confiar en mí misma y en los demás.

A mí, hasta ahora, me resultaba fácil sentirme entusiasmada por los grandes acontecimientos de la vida, pero para conseguirlo ante las *pequeñas* cosas he necesitado aprender a ver el mundo con una nueva mirada; olvidándome por un momento de lo que ya sé y recordando la emoción de la primera vez. Esta visión de principiante aprendida a través del *mindfulness* me ha permitido, por ejemplo, descubrir la belleza que hay en el dibujo que forman las semillas de un kiwi en su pulpa verde; o entusiasmarme con el canto de los pájaros por la mañana mientras medito; o con el calor de mi gente cuando la abrazo; o con la conexión profunda que siento al conversar con ciertas personas. Resulta que todo eso me entusiasma y hasta hace muy poco no me había dado cuenta de que lo hacía.

No debo esperar a tener las condiciones ideales para entusiasmarme después, sino detectar la alegría que está dentro de mí y que no depende de lo que ocurre fuera, actuando así con el entusiasmo que mi vida merece. La práctica del *mindfulness* me ha enseñado que solo actuando con entusiasmo puedo descubrir al dios que hay dentro de mí.

MI PROPUESTA

No esperes a que se den las circunstancias ideales, los grandes acontecimientos, para sentir el entusiasmo. Intenta entusiasmarte ante las pequeñas cosas, como si las vieras por primera vez. Confía en la vida.

SIEMBRO EL HÁBITO

"Siembra un acto y cosecharás un hábito. Siembra un hábito y cosecharás un carácter. Siembra un carácter y cosecharás un destino" Charles Reade

"El hombre debe hacerse a sí mismo de forma permanente" Aristóteles

MI EXPERIENCIA

El proceso de prestar atención a lo que en cada momento pasa por mi cabeza o siente mi cuerpo sin juzgar está requiriendo, como todo aprendizaje, de constancia y paciencia. La atención plena no es una tarea simple. Es necesario perseverar para conseguir revertir la configuración que un día se instaló en mí, la cómoda, la fácil, la que se hace fuerte si no soy consciente de que no es esa la que quiero.

Estoy comprobando que solo con perseverancia puedo acabar con la costumbre y que debo aprender a deshacer mis automatismos como aprendí todo en la vida, con ahínco y repetición… como conseguí caminar: cayéndome y levantándome incansablemente hasta que logré dar mis primeros pasos.

Con la práctica diaria de la meditación y la observación de mí misma y de lo que me rodea, he descubierto que todo tiene su ritmo y que no se pueden tomar atajos en el *mindfulness*. Mi proceso de autoconciencia está siendo lento y sé que, como todo en la naturaleza, no tiene sentido acelerarlo. Soy consciente de que debo cambiar mi anterior paradigma de consecución de objetivos y resultados inmediatos, para interiorizar así el aprendizaje constante.

Tras el tiempo transcurrido desde que empecé este viaje, y a pesar de lo lento que a veces me parece, una cosa sé con certeza: que ya no es posible volver atrás en el camino de la conciencia plena.

MI PROPUESTA

Medita todos los días, dedica un rato a abandonar la superficie y sumergirte en tu fondo. Simplemente observa tus pensamientos como si fueran nubes que surcan el cielo o troncos que flotan en el río, sin juzgarlos ni engancharte en ellos, solo viéndolos pasar. Si te has ido mil veces, mil veces que has conseguido volver, ¡enhorabuena! Acude a tu respiración cuando lo necesites, como un refugio seguro que siempre te acompaña… ralentízala si puedes. El proceso de vivir con conciencia plena es lento, a veces frustrante y puede que incluso inalcanzable, pero recuérdate cada mañana que si siembras un hábito, con paciencia y perseverancia, acabarás recogiendo un destino.

SOY MI MEJOR AMIGA

"Eres importante para ti porque es a ti a quien tú sientes" Fernando Pessoa

"Conócete, acéptate, supérate" San Agustín

MI EXPERIENCIA

Durante el proceso de observar mis pensamientos y mis emociones estoy consiguiendo conocerme mejor a mí misma y verme con más ecuanimidad. Al intentar aceptar tanto mis experiencias agradables como las desagradables he descubierto que ambas me aportan el aprendizaje que necesito para mejorar día a día como persona. Siento así más poder para afrontar todos los aspectos inherentes a mi condición humana y lidiar con los problemas que van surgiendo en mi vida.

La observación sin juicio me ha ayudado a distinguir lo que de verdad soy de aquello que represento en los personajes de mi día a día. Me ha permitido ver mis luces y mis sombras, aceptando ambas y aplicándome la compasión que muchas veces concedía a los demás pero que a menudo me negaba a mí misma. A través del *mindfulness* estoy identificando mis limitaciones y mis dones. He descubierto lo liberador que puede llegar a ser reconocer mi vulnerabilidad, todo lo que aprendo de mis crisis, la sabiduría que puede haber en mi intuición, la paz que siento cuando dejo de querer entenderlo todo, el valor de la sencillez…

A través de la introspección que me ha aportado la meditación he sabido que no puedo aspirar a una vida feliz si soy una extraña para mí misma o si no hay coherencia entre lo que siento, lo que digo y lo que hago.

Tengo un matrimonio de por vida conmigo misma y, aunque quisiera, nunca conseguiría el divorcio, así que mejor aprender a convivir con este vínculo indisoluble y evitar que haya engaños.

MI PROPUESTA

Intenta localizar pensamientos en los que te juzgas, te criticas... Regálate momentos de no hacer nada o de hacer lo que más te apetezca. Permítete felicitarte por tus progresos, por tus logros, por tus dones. Acepta tus limitaciones pero también los halagos. Date cuenta de que tú eres tu mejor amigo, tu mejor amiga.

FORMO PARTE DE UN TODO

"Mientras vivamos, mientras estemos entre los seres humanos, cultivemos nuestra humanidad" Séneca

"Nuestra tarea tiene que ser ampliar nuestro círculo de compasión, para abarcar a todos los seres vivos y a toda la naturaleza" Albert Einstein

MI EXPERIENCIA

A través del *mindfulness* he aprendido que solo con atención puedo conseguir que se calle la voz que me dice que el mundo gira a mi alrededor, que mis deseos y necesidades son más importantes que los de los demás. Al observarme a mí misma estoy aprendiendo también, poco a poco, a dejar de lado mis prejuicios y mis comparaciones constantes. Al tratar de trascender mi ego, estoy abriéndome a los otros desde el corazón, identificando lo que hay de ellos en mí. Mirando al otro a los ojos con atención, al escucharle sin juzgar, al descubrir que sus miedos son mis miedos, voy sintiéndome poco a poco parte de un mundo en el que todos podemos ganar si nos entendemos y nos apoyamos, en el que existe la posibilidad de que nadie pierda. Estoy comprendiendo que todos estamos igualmente expuestos al sufrimiento, al fracaso, al desencanto y a la muerte; que todos somos vulnerables.

Este aprendizaje que estoy viviendo también me ha hecho ser consciente de la interconexión de esfuerzo y organización que supone el privilegio de tener a mi disposición fácilmente el champú con el que lavo mi pelo, la lavadora que hace el trabajo por mí, la ropa que me pongo, el café que bebo por la mañana, los profesionales que transmiten conocimientos a mis hijos o que curan nuestras enfermedades. Me doy cuenta, como nunca antes, de la coreografía de acciones y conocimientos que todo esto supone.

Gracias a la conciencia plena estoy descubriendo la profunda conexión que hay entre todos los seres que habitamos este planeta.

MI PROPUESTA

Reflexiona sobre lo que hay a tu alrededor y cómo todo eso depende de una conjunción de esfuerzos, de una armonía de acciones. Tómate un rato para estar en la naturaleza y sentirte parte de ella. Trata de ponerte en el lugar del otro, de comprenderlo, de escucharle con atención. Siente que formamos parte de un mismo todo.

UN POCO MÁS SABIA

"El ignorante afirma, el sabio duda y reflexiona"
Aristóteles

"La mente es un empleado excelente pero un amo terrible" David Foster Wallace

MI EXPERIENCIA

Yo no puedo ni quiero alcanzar ese tipo de sabiduría que consiste en almacenar muchos datos y teorías en mi cabeza y soltarlos oportunamente en mitad de una conversación. La sabiduría a la que yo aspiro es la de aprender a disfrutar de las cosas, de las personas y de las experiencias con toda la intensidad posible. Quiero disfrutar de todas, desde las más vitales hasta las más insignificantes. Quiero ir más allá de las apariencias, no engañarme a mí misma ni a los demás, tomar las riendas de mi propia vida, vivir conforme a mis valores, perseverar a pesar de las dificultades y las dudas, aprender a profundizar y a saber empatizar, vivir sin miedo, estar en paz conmigo misma e intentar transmitir paz a los demás, tener la valentía de mostrar mi vulnerabilidad.

Ya no me quiero limitar a analizar e interpretar el mundo. Ahora, además, quiero aprender a aceptarlo, con su alegría pero también con su dolor. No quiero esconder mis problemas y mis decepciones, ni maquillarlos, ni magnificarlos… quiero observarlos primero para intentar gestionarlos después.

Nadie puede enfrentarse a mis dificultades por mí. Nadie puede nacer por mí, vivir por mí o morir por mí.

Gracias a vivir con conciencia plena estoy consiguiendo superar los obstáculos de mis propias expectativas, de las que los demás tienen de mí, o de lo que yo creo que esperan de mí. Estoy consiguiendo moverme hacia donde siento que soy más yo misma.

MI PROPUESTA

Revisa tus certezas. No trates de comprenderlo todo. Aprende a aceptar. Permítete soñar. Descubre quién eres y sé tú.

MI LUGAR EN EL MUNDO

"Lo esencial es invisible a los ojos"
Antoine de Saint Exupery

"Si tu vida tiene un porqué, podrás sobrellevar cualquier cómo" Nietzsche

MI EXPERIENCIA

La aventura de crecimiento personal que estoy viviendo en estos momentos me ayuda, no solo a conocerme mejor a mí misma y a empatizar con los demás, sino también a identificar los valores que para mí son importantes y a entender, a través de ellos, cuál es mi lugar en el mundo.

La práctica del *mindfulness* me ha permitido reencontrarme con una espiritualidad más allá de dogmas, credos y maestros. Para mi sorpresa, la atención plena está permitiendo que me reconcilie con mi propia espiritualidad. Aunque pueda resultar paradójico, al observar con atención hasta lo que pueda parecer más insignificante, he aprendido a separarme del diminuto microcosmos en el que se cuece mi vida y a verla como algo más que una serie de rutinas laborales, sociales y familiares. Vivir plenamente el presente me ha ayudado a saber distinguir, en cada encrucijada, qué es lo que contribuye a mi desarrollo personal y qué es lo que lo dificulta.

Gracias a la atención plena, día a día y momento a momento, de una manera que ni yo misma consigo explicar, he ido tomando consciencia de la armonía universal y del equilibrio de fuerzas que la hacen posible, dándome cuenta de que formo parte de un gran milagro. Lo que estoy descubriendo a través de mis propias experiencias es el sentido de mi vida y la manera de vivirla con la intensidad y conciencia que merece, enfrentándome así también al sentido de la muerte.

He conseguido comprender que soy única y que, al mismo tiempo, no soy más importante que una brizna de hierba.

MI PROPUESTA

Reflexiona sobre tu propia espiritualidad, más allá de lo que te han inculcado. Descubre cuál es tu proyecto personal, lo que tú puedes aportar al mundo, cuáles son tus propios valores. Trata de encontrar el sentido de tu vida, el que de verdad te hará sentir, cuando llegue el momento de irte, que ha valido la pena vivirla.

¡EXISTO!

"¿Acaso no será tampoco un motivo de alegría que el sol brille para ti y que, por ti, cuando el sol se cansa, aparezca la luna y se enciendan las estrellas?" Kierkegaard

"Hoy puede ser un gran día, imposible de recuperar, un ejemplar único, no lo dejes escapar. Que todo cuanto te rodea lo han puesto para ti, no lo mires desde la ventana y siéntate al festín" Joan Manuel Serrat

"Un entierro es una fiesta si lo es de una vida bien vivida" Akira Kurosawa

MI EXPERIENCIA

Las distintas acepciones de la palabra *existir* definen este término como *tener vida... estar, hallarse... ser real y verdadero.* Ha sido gracias a la práctica del *mindfulness* cuando he comprendido que así es como yo quiero existir.

Desde adolescente, yo anhelaba vivir una existencia plenamente consciente. Con 16 años escribía en mi diario que deseaba disfrutar de las pequeñas cosas de la vida y reconocía que no lo lograba. Ya entonces dejaba constancia escrita de los intentos frustrados de reencontrarme con mi esencia, de ser yo misma, de vivir con intensidad.

He tardado varias décadas en descubrir cómo conseguirlo, aprendiendo a deleitarme en la simplicidad de las pequeñas cosas, disfrutando con más intensidad del hecho de estar viva. Poco a poco, a través de la práctica del *mindfulness*, a la que me acerqué pensando que era una simple herramienta para reducir mi estrés, he conseguido, ni más ni menos, que sorprenderme de mi propia existencia.

Al experimentar que no es lo mismo pensar algo que darme cuenta de que lo pienso, ni sentir algo que saber que lo siento, he comprendido también que no es lo mismo existir que ser consciente de que existo.

Me admiro y me sorprendo por existir. Al tomar distancia, adquiero la lucidez de saber que existo pudiendo no haber existido. La claridad de comprender que si mis antepasados no hubieran tenido la habilidad de encontrar pareja con la que reproducirse, yo no existiría. Si, tras el imprescindible encuentro íntimo, el óvulo no hubiese sido fecundado, yo no existiría. Si mi sistema inmunitario y el de todos lo que me precedieron no hubieran conseguido combatir los virus que nos atacaron, yo tampoco existiría.

Entonces, ¿por qué he sido tan inconsciente de dar por hecho hasta ahora que yo existo simplemente porque tenía que haber existido? ¿Por qué no me he dado cuenta antes del cúmulo de circunstancias que me han hecho emerger de la nada, como una posibilidad entre millones?

Esta comprensión sobre mi propia existencia me ha llevado, también, a sorprenderme de que todo lo demás exista, reconociendo así el valor y unicidad de todas las personas, de todos los seres.

Ser consciente de este gran descubrimiento me ha llevado a comprender que tengo la necesidad, casi la obligación, de disfrutar intensamente de mi vida y de respetar y valorar la de los demás. Me ha llevado a ser consciente de que la existencia es un regalo.

MI PROPUESTA

Observa sin juzgar, acepta, cultiva la gratitud, la creatividad, el sentido del humor, el entusiasmo… Disfruta de la conexión con tu propia persona y con lo que te rodea, con la gente, con la naturaleza…Reconoce tus dones, tus limitaciones, tu lugar en el mundo, tu propia sabiduría, tu espiritualidad…Aprende de tus crisis y de tu dolor…Vuelve a tu esencia, cuida a tu niño o niña interior, sé tú para vaciarte después de ti… Persevera.

Confía y ten paciencia hasta reencontrar lo que siempre ha estado dentro de ti.

Tira del lazo del mayor de los regalos que has recibido nunca. Ve abriéndolo día a día, minuto a minuto, segundo a segundo… Hasta descubrir el regalo de tu propia existencia.

Y, sobre todo, recuerda algo importante: solo tú puedes abrir tu regalo. Nadie, absolutamente nadie, puede hacerlo por ti.

AGRADECIMIENTOS

Gracias a Mateo y a Luz que, al irse, me enseñaron que hay que saber estar.

Gracias a Georges, a mis hijos, a mi familia y a mis amigos, por su amor y su apoyo incondicional. Muchas veces han sido mis ejemplos de *mindfulness* sin ellos saberlo.

Gracias a mis maestros y mis maestras.

Gracias a la gente anónima que con su ejemplo me da la mejor de las lecciones.

Gracias a la vida, que me ha dado tanto.

BIBLIOGRAFÍA

André, Christophe (2012). *Meditar día a día: 25 lecciones para vivir con mindfulness.* Editorial Kairós

Dettony, Pax. (2014*) La inteligencia del corazón.* Ediciones Destino

D´Ors, Pablo (2016). *Biografía del silencio.* Editorial Siruela

Foster Wallace, David (2014). *Esto es agua.* Editorial Random House

Frankl, Viktor (2015). *El hombre en busca de sentido.* Editorial Herder

Kabat-Zinn, Jon. (2016). *Vivir con plenitud las crisis.* Editorial Kairós

Kornfield, Jack (2010). *La sabiduría del corazón.* Editorial Liebre de marzo

Torralba, Francesc. (2010). *Inteligencia Espiritual.* Editorial Plataforma

Y también todos los libros, poesías y canciones que a lo largo de mi vida me han mostrado la manera en la que quiero llegar a aprender a estar en el mundo.

Índice